CATALOGUE

D'UNE NOMBREUSE COLLECTION

DE DESSINS

DE TOUTES LES ÉCOLES

TABLEAUX & PASTELS

ESTAMPES ANCIENNES

Principalement du XVIII° siècle.

LIVRES

COMPOSANT LA COLLECTION D'UN AMATEUR

DONT LA VENTE AUX ENCHÈRES PUBLIQUES AURA LIEU

HOTEL DES COMMISSAIRES-PRISEURS

Rue Drouot, n° 7, salle n° 4,

LES JEUDI 1er ET VENDREDI 2 FÉVRIER 1877

A UNE HEURE ET DEMIE PRÉCISE

~~~~~~~~~~~~~~~~

Par le ministère de M° **DELESTRE**, Commissaire-Priseur,
Successeur de M° DELBERGUE-CORMONT
27, rue Drouot, 27.

Assisté de **M. CLEMENT**, M^d d'Estampes de la Bibliothèque Nationale,
3, rue des Saints-Pères, 3.

~~~~~~~~~~~~~~~~

PARIS. — 1877.

CONDITIONS DE LA VENTE.

La vente sera faite au comptant.

Les acquéreurs payeront cinq pour cent en sus des enchères.

L'Expert chargé de la vente se réserve la faculté de rassembler ou de diviser les lots.

Les attributions de l'amateur ont été conservées.

ORDRE DES VACATIONS

Le jeudi 1ᵉʳ février,	n° 14 à 277
Le vendredi 2 février,	n° 278 à 326
— —	n° 1 à 13
— —	n° 327 à la fin.

Paris. — Typ. Pillet et Dumoulin, 5, rue des Grands-Augustins.

DÉSIGNATION

TABLEAUX

DESSINS ENCADRÉS

ET PASTELS

1. Boucher (Fr). Berger aux pieds d'une bergère, camaïeu rose ovale.

2. Lancret. Berger et bergère regardant un oiseau dans sa cage, camaïeu bleu ovale.

3. Van der Heiden. Paysage hollandais avec habitations.

4. Monnoyer (B.). Bouquet de fleurs dans un vase.

5. — Fruits sur une table.

6. Drahonet. Monuments antiques de Rome, deux gouaches sous verre.

7. Le Barbier l'aîné. La Tragédie, gouache ovale encadrée.

8. **Nicole.** Vue de la Trinité des Monts ; Vue de San Sisto, près de la porte Latine : deux dessins très-fins à l'encre, encadrés.

8 (*bis*). **Robert Stéphan.** L'Hiver, paysage avec personnages, gouache très-fine encadrée.

9. **Pastels.** Portrait de Mme de la Fresnaye, par Peyronneau, sous verre.

10. — Portrait d'homme, par Peyronneau, sous verre.

11. — La Dormeuse, par F. Boucher, il y a des différences avec la gravure ; légèrement mouillé, sous verre.

12. — Tête de jeune fille tenant un masque, par La Rosalba, ovale.

13. — Portrait de jeune femme, époque Louis XVI, sous verre.

DESSINS EN FEUILLE

14. **Animaux.** Faucon, aquarelle. — Oiseaux perchés sur un arbre, par Armand, encre de Chine, deux pièces.

15. **Anonyme.** Riche bannière de la Vierge, aquarelle.

16. — Cinq dessins pour bordures de boîtes, à l'encre.

17. — Allégorie sur l'Allemagne, dessin très-fin à l'encre sur vélin, XVIe siècle.

18. **Anonyme.** Mme de Lavalette faisant évader son mari de la Conciergerie, peinture sur toile, sous verre.

19. — Costume de guerrier pour carrousel, beau dessin, encre et bistre.

20. — Guerrier à cheval, encre et sépia.

21. — Une frise Renaissance , à l'encre et lavis.

22. — Entre-colonnement avec statues, collections Fontanille et princesse Marie d'Orléans. — Fût de colonne dans des rinceaux ; panneaux de porte ; une frise et deux cartouches : six pièces.

23. — Le Repos en Égypte, à l'encre jaune, XVIe siècle ; la Visitation ; le Baptême de J.-C. ; Repos en Égypte, encre et lavis : quatre pièces.

24. **Babel.** Un cartouche, à l'encre.

25. **Bachiche-Biccheriari.** Deux fontaines avec lions marins et tritons, encre et lavis : deux pièces.

26. **Bakhuizem.** Combat sur mer contre les Turcs, encre et bistre.

27. **Barozzio.** La Présentation au temple, superbe dessin à l'encre de Chine et relevé de blanc.

28. **Bérain.** Tête de fleuve au crayon rouge.

29. **Bergeret.** Étude du page pour le tableau de la mort de Raphaël, crayon noir et blanc et estompe.

30. **Berghem.** Départ pour le marché, au bistre.

31. — Cheval au repos, à l'encre ; Chèvre, étude peinte : deux pièces.

32. **Bernin.** Portail d'une église au verso, orgue de cette église, à l'encre.

33. Bibiéna. Coins de plafonds à l'encre ; un autel : deux pièces.

34. Bloemart. Paysage avec chaumière, à l'encre sur papier bleu ; paysage, encre et bistre.

35. Blondel. Trois trophées religieux au crayon rouge.

36. Boffrand. Deux coins de plafond, à l'aquarelle.

37. Bon Boulogne. La Présentation au temple, au crayon rouge. Voir au verso. — Le Tintoret, adoration des bergers, encre et lavis : deux pièces.

38. Boilly. Tête d'expression.

39. Boissieu (de). Marine, encre et bistre.

40. Bonnet. Une femme se promenant dans un parc avec son chien, au crayon rouge, charmant dessin.

41. Bosio. Femme de son temps appelée la Vénus hottentote.

42. Bouchardon. Fontaine. Triton tenant une conque marine d'où l'eau s'élance, beau dessin.

43. — Statue de jeune fille tenant une corbeille, dessin très-fin au crayon rouge.

44 Boucher (Fr.). Nymphe de Diane aux deux crayons, beau dessin.

45. — Bergère assise à terre, à plusieurs crayons.

46. — Etude pour les personnages de la Marchande de marrons, crayon rouge.

47. — Amour dans des nuages, aux deux crayons.

48. — L'Abbé du conte de La Fontaine ; la Mule de Pierre, joli dessin aux deux crayons.

49. — Tête d'enfant à la sanguine, charmant dessin.

50. **Boucher.** Trois amours dans les nuages, aux deux crayons.

51. — Amours tenant le timon du char de Vénus, à plusieurs crayons.

52. — Tête de jeune seigneur, grandeur naturelle, à plusieurs crayons.

53. — Une nymphe couchée représentant une source au crayon rouge, sous verre.

54. — Femme couchée vue de dos, crayon rouge rehaussé de blanc.

55. — Un Amour debout aux deux crayons.

56. — Paysage avec cours d'eau à la pierre noire ; petit dessus de porte, sujet champêtre à la mine de plomb ; sujet champêtre à la pierre d'Italie, col. d'E. ; deux esquisses de sujets champêtres : cinq pièces.

57. — Deux têtes de profil à la pierre noire ; étude de mains aux deux crayons ; Vieillard faisant le signe de mettre son doigt dans la bouche : trois pièces.

58. **Bril** (Paul). Deux paysages avec grande perspective, encre et bistre relevés de bleu.

59. **Burette.** Trois plafonds ; les appartements de l'impératrice Eugénie aux Tuileries.

60. **Cangiage.** La Circoncision, beau dessin de ce maître ; le Mariage mystique de sainte Catherine, à l'encre : deux pièces.

61. **Canova.** Cavalier commandant, à la pierre noire.

62. **Carrache.** Cérès et Bacchus, à l'encre.

63. — Un saint distribuant des aumônes, encre et crayons de couleur. Ce dessin a été gravé en largeur et avec des changements.

64. **Carrache.** Sainte famille, à la pierre d'Italie relevée de blanc ; Sainte Madeleine au désert, crayons
rougeet blanc ; Etudes de saintes familles, à l'encre :
trois pièces.

65. — Mascarons, deux pièces ; dessous de voûte avec
enfants ; femme nue vue de dos : en tout quatre
pièces.

66. — Paysage avec amours ; paysage avec barque : deux
pièces à l'encre.

67. **Cauvet.** Une porte d'appartement richement sculp-
tée, encre et lavis, beau dessin.

68. — Frises, l'une encre et lavis avec petits amours,
l'autre aux deux crayons, deux pièces, beaux dessins.

69. — Décorations d'appartement à l'encre : deux pièces.

70. — Arabesques et panneaux, encre et sépia : sept
pièces.

71. **Cazotte** (l'auteur du Diable amoureux). Un seigneur
presentant un plateau à de jeunes femmes, curieux
dessin à la plume.

72. **Chaires à prêcher.** Une par Pietre, 1789 ; une
par Blanzé ; une par de Cook, 1724 : en tout trois
pièces.

73. **Chandeliers.** Dessins de chandeliers sur huit
feuilles.

74. **Charlet.** Vieux grognards, mine de plomb ; Soldat
de l'empire parant un coup avec son fusil, aux deux
crayons : deux pièces.

75. **Chaudet.** Autrefois — Aujourd'hui, sépia, caricatures avec costumes : deux pièces.

76. **Chaudet.** La fontaine de Jouvence, à la sépia, jeunes filles et vieilles femmes en costumes de la fin de l'empire.

77. — Un mariage à la sortie de l'église, encre et sépia, costumes de l'empire.

78. — Petit vieillard voulant embrasser une grande fermière, encre et sépia.

79. **Chenavard.** Dessin du mobilier d'un appartement, sépia ; dessin pour couverture de livre signé C. E., aquarelle : deux pièces.

80. **Cicéri.** Décoration pour la Perle du Brésil, à plusieurs crayons ; deux plafonds de théâtre, aquarelle relevée d'or, riche ornementation : en tout trois pièces.

81. **Cignani.** Enfant jouant avec un mouton, à l'encre.

82. **Clermont.** Tête de jeune fille aux deux crayons ; enfant en tailleur de pierres, encre et bistre : deux pièces.

83. **Clers.** La fête de grand-papa ; Appartements de monsieur et de madame, de x dessins-caricatures, à l'encre.

84. **Cochin.** Femme assise accoudée à une table, à la mine de plomb ; la Visite du médecin, encre et mine de plomb.

85. — Médailles ; Ordinaire des guerres. 1740 ; Victoires de Louis XV sur la Moselle, au crayon rouge : deux pièces.

86. **Costumes.** Les Indiens à Paris ; une famille en costume du temps de l'empire vient les visiter ; aquarelle, curieux costumes.

87. **Costumes militaires.** Hussards pointant, crayon, époque de la Restauration (deux dessins); Général russe, aquarelle; Chevaliers combattant, à l'encre : en tout quatre pièces.

88. **Lecomte** (Hippolyte). Quatre costumes militaires au crayon; cinq à l'encre : en tout neuf pièces.

89. **Coustou.** Fontaine soutenue par trois femmes nues, à plusieurs crayons sur papier teinté. Les dessins de ce maître sont rares.

90. **Coypel.** Amour tenant un carquois, à plusieurs crayons.

91. **Cuviliès.** Un plafond, quatre parties à l'encre.

92. **Darjou.** Femme tirant sur les troupes (Commune de 1871), crayon noir; Rêve d'amour, peinture sur papier fort; portraits dont celui du peintre.

93. **Daumier.** La Cravate mise, caricature au crayon.

94. **David.** Épisode de la guerre de Troie, à la mine de plomb; étude de deux hommes nus, à l'encre : en tout deux pièces.

95. **Debucourt.** Costume de femme, à l'encre.

96. **Décorations d'appartement.** Décoration d'appartement, à la sanguine.

97. — Décoration d'un pavillon par Viel; décoration d'une galerie avec statues; coin de plafond; panneau avec girandoles; panneau, à l'aquarelle : cinq pièces.

98. — Décoration d'appartement par de Vailly, encre et bistre; décoration d'une bibliothèque par Boucher fils; encre; décoration de galerie avec statues, encre et lavis : trois pièces.

99. **Dédéban**, 1832. Monument en l'honneur de la prise d'Alger, avec sonnets par lui-même (deux pièces).

100. **Delafosse**. Décoration avec cheminée et glace, encre et lavis ; deux couronnements de lambrequins, encre et lavis : en tout trois pièces.

101. — Un fauteuil richement sculpté, encre et sépia ; un trophée religieux, encre et sépia ; un trépied, à l'encre : trois pièces.

102. **Delaroche** (Paul). Turcs à l'aquarelle : deux pièces.

103. **Delaunay**. Mars et Vénus d'après le tableau de Paul Véronèse, charmant dessin à l'encre. Les dessins de ce graveur sont rares.

104. **Demarne**. Deux vaches, une au bistre et une à la pierre d'Italie relevée d'encre (deux pièces).

105. **Desfriches**. La Tour de Montlhéry, à la mine de plomb.

106. **Desrais**. M. Bonnemain, procureur, avec plusieurs personnages, costumes empire, encre et lavis.

107. — Le comédien Stridi en costume de Polichinelle faisant différents personnages de la comédie italienne, qui sont représentés autour de lui.

108. — Seize costumes militaires de la garde de Napoléon Ier sur une même feuille, à l'encre.

109. **Dessins chinois**. Supplices, gouaches sur papier de riz : deux pièces.

110. **Dévéria** (A.). Femmes couchées, aux crayons noir et blanc, beau dessin.

111. **Dévéria**. La Déclaration ; la Demande en mariage ; le Mariage ; En famille : quatre pièces à la mine de plomb.

112. **Dietrich**. Tête de vieillard coiffé d'un turban, à la pierre d'Italie ; l'Adoration des mages, à l'encre : deux pièces.

113. **Dubois père** (Étienne). Tapisserie, à l'aquarelle ; Décoration d'un pavillon, aquarelle : deux pièces.

114. — Panneaux, arabesques, etc.; les uns à l'aquarelle, les autres à la mine de plomb : cinq pièces,

115. **Ducerceau**. Un puits architectural, orné de lions aux quatre coins, encre et lavis ; rare.

116. **Duplessis-Bertaut**. Hussard tenant son cheval par la bride, à la mine de plomb. Ce personnage se trouve dans une de ses gravures de batailles.

116 *bis*. **Van-Dick** (d'après Ant). Portraits, école de Van Dyck, encre et bistre : quatre pièces.

117. **Eisen**. Vase richement orné, à l'encre ; Fontaine avec deux amours, mine de plomb : deux pièces

118. **Enfants**. Enfants par divers, trois feuilles : Enfants sur un vaisseau, à la pierre noire ; Nymphe et satyre par Carême, bistre ; Néréide montée sur un monstre marin, encre, par Bernardus Campi ; Nymphe et Amours par Émile Wattier : sept feuilles.

119. **Erlinger**. La Sainte Famille, au bistre relevé de blanc. Signé et daté 1784.

120. **Feuchère**. Lambrequins de croisée, mine de plomb et aquarelle : deux pièces.

121. Flaxman. Le Géant et la Nymphe, encre ; Géant des Pays-Bas par Bernard Picart ; Étude d'écorché par Bançquy : trois pièces.

122. Fleurs. Bouquets de fleurs peintes pour fond d'assiettes ; jolies peintures : quatre pièces.

123. — Petit bouquet d'anemones doubles ; Bouquet de roses à l'aquarelle ; Corbeilles de fleurs et de fruits au bistre ; Fleurs d'amaranthes, aquarelle : quatre pièces.

124. **Fragonard** (H.). Femme demi-nue se tenant debout sur une boule, à plusieurs crayons ; beau dessin.

125. — Femme demi-nue terminée en gaîne, à plusieurs crayons ; beau dessin.

126. — Les quatre Saisons au crayon rouge, beaux dessins : quatre pièces rondes.

127. — Amours tenant des couronnes, aux deux crayons.

128. — Amours jetant des fleurs, aux deux crayons sur papier bleu.

129. — Amours assis, la main appuyée sur un vase, aux deux crayons.

130. — Deux encriers, encre et lavis ; deux petits dessus de porte, encre ; deux petits amours tenant des flambeaux, à la pierre d'Italie : en tout six pièces.

131. — L'Amour et Psyché, 2 pièces se raccordant, à la mine de plomb ; jeune fille tenant un carquois, sépia relevée de blanc : en tout trois pièces.

132. — Jardin d'une villa, à la sanguine, beau dessin.

133. Gatine. Costumes de l'armée russe en 1815, aquarelle.

134

134. **Gatine.** Costumes des troupes alliées en 1815, — aquarelle.

135. **Gavarni.** Le Facteur, pour les Français peints par eux-mêmes.

136. **Gérard** (le baron). Portrait d'un général de lanciers ; Études pour la bataille d'Austerlitz, à l'encre. Voir au verso le colonel Rapp, colonel des hussards Chamboran, jolie aquarelle : trois pièces.

137. **Gérard** (Mlle). Tête d'enfant, au crayon rouge.

138. **Géricaut.** Un cavalier fumant la pipe, à l'encre ; un cavalier grec antique, esquisse à la mine de plomb : deux pièces.

139. **Gillot.** Un bouffon soulevant une draperie, au crayon rouge ; l'Amour et Bacchus, encre et bistre : deux pièces.

140. **Girandoles et lustres.** Plusieurs lustres et girandoles sur la même feuille, à l'encre. Voir au verso lustre de l'Académie royale de musique, par Debret ; lustre avec petits amours à l'encre : trois pièces.

141. **Glaces.** Une glace à pieds, encre et lavis ; une glace Louis XIV à l'encre. Voir au verso ; une glace avec trumeau, encre : trois pièces.

142. **Goltzius.** Femme se reposant au pied d'un terme, encre et sanguine ; Sainte Madeleine au désert, à l'encre : deux pièces.

143. **Goya.** Personnages fantastiques : quatre pièces, encre.

144. **Goyen** (Van). Marine, à la pierre noire relevée de blanc.

145. **Greuze**. Superbe étude de la tête du paralytique pour le tableau de la Dame de charité, sous verre.

146. — Le Cocu battu et content, petit dessin à l'encre.

147. **Grilles**. Par Forty-Schubler ; grille du palais de Versailles par Lechenu, encre et sépia : en tout quatre pièces.

148. **Guardi**. Pont italien, dessin à l'encre.

149. **Guerchin** (le). L'Étude, femme à mi-corps, encre et sépia.

150. — Laban redemandant ses idoles à Rachel, encre et sépia ; Jeune fille à mi-corps, encre et sépia : deux pièces.

151. — Saint Thomas touchant les plaies de Jésus-Christ ; saint Jérôme au désert : deux pièces à l'encre.

152. **Haberman**. Plafond à la mine de plomb, décoration d'appartement, avec poêle à la mine de plomb : deux pièces.

153. **Hautecœur**. Cuisinière à ses fourneaux, aquarelle.

154. **Hemskerk**. Les Fossoyeurs, encre et lavis ; Ecce Homo, encre et lavis : deux pièces.

155. **Huet** (J.-B.). Le Départ pour le marché, signé et daté l'an III, encre et sépia.

156. — Deux Arabesques, encre : Singe portant un plateau, crayon rouge : en tout, trois pièces.

157. — Fleurs peintes ; Soleils ; Jonquilles ; Oreilles d'ours, etc. : quatre dessins auxquels on a joint la pièce dans laquelle il a gravé plusieurs de ces fleurs.

158. Jacque (Ch.). Porcs sur la litière, aux deux crayons.

159. Jansen. Tour de plat, encre et lavis. Rare.

160. Jost Amman. Athalie tuée dans le temple ; l'Usurier et le Prodigue, encre et lavis : deux pièces pour vitraux.

161. — L'Hiver, jolie petite pièce, encre et lavis ; figures de la Foi et de la Justice, et Amours, encre : deux dessins pour vitraux.

162. Julienne. Éventails, aquarelle : deux pièces.

163. La Fage. Une Cariatide satyre ; l'Orgie, à l'encre : deux pièces.

164. La Hire. Annonciation, encre et lavis.

165. La Joue. Une Fontaine avec figures, à l'encre, relevée d'aquarelle.

166. Lalonde. Décoration d'appartement avec cheminée et glace, encre et lavis.

167. — Décorations d'appartement avec cheminée et glaces, encre et lavis : deux pièces.

168. — Décoration d'appartement, encre et lavis : deux pièces.

169. — Décoration d'appartement, encre et aquarelle, sept pièces.

170. — Une Glace, encre et sépia ; deux Pommeaux de canne ornés, encre et aquarelle : en tout trois pièces.

171. La Rue. Le Temple de l'Amour, encre et bistre.

172. Latour. Homme écrivant, crayon noir relevé de blanc ; Femme tenant une guirlande et portraits : deux pièces.

173. **Latour**. Homme debout, appuyé sur une chaise, aux deux crayons.

174. **Leblond**. Glaces avec trumeau, encre : deux pièces.

175. **Lebrun** (Ch.). Mars et Mercure, à la pierre noire ; un Ange dans les nuages, à la pierre noire rehaussée de blanc ; le Temps montrant un portrait, encre sur papier bleu ; Louis XIV, foulant aux pieds ses ennemis vaincus à la pierre d'Italie, trophée d'armes : cinq pièces.

176. **Léger**. Décorations théâtrales à la mine de plomb ; Décoration d'un cabinet, à l'Élysée, du temps de Napoléon Ier : en tout, quatre pièces.

177. **Lelu**. Intérieur d'une grotte, au bistre ; Paysage avec chute d'eau, sépia ; Rochers et cours d'eau, au crayon rouge : trois pièces.

178. **Lemoine**. L'Architecture et la Peinture, aux deux crayons.

179. **Lepautre**. Frise avec enfants dans les feuillages, crayon rouge ; un Titre avec portrait, encre et lavis : deux pièces.

180. **Lépicié**. Enfant buvant, aux deux crayons.

181. **Le Prince**. Berger et Bergère ; Sultane écoutant la musique : deux pièces à la mine de plomb.

182. — Un Dieu marin, costume d'opéra, au bistre ; Intérieur de cabane norvégienne, encre et sépia.

183. — Lettres et dessins sur vélin, tirés des manuscrits : vingt-sept pièces.

184. Loir. Arabesques, encre : douze pièces sur huit feuilles. *Voir* au verso, d'autres Dessins.

185. — Louterbourg. Animaux conduits au marché, à l'encre (collection Hérard).

186. Mallet. Le Bain, encre.

187. Malines (JEAN DE). Dessus de porte avec cartouche et Amours, encre et lavis.

188. Mansard. Décorations d'appartement, à l'encre, quatre pièces, sur deux feuilles.

189. Maratte. Nymphes et Satyres, à l'encre.

190. Marillier. Fontaine avec fût d'une colonne, à l'encre.

191. — Titre pour marine, encre de Chine ; Titre pour un livre sur les arts, par Gerny, encre : deux pièces.

192. Marot (D.). Décoration de carrosse.

193. Marot (JEAN). Détails pour grille, encre et lavis.

194. Martin de Vos. La Cène, encre de Chine, sur papier teinté ; les Noces de Cana, encre et sépia ; le Roi et le Berger, encre et lavis : trois pièces.

195. Martinet. Le Jeu du diable, jolie aquarelle à laquelle on a joint un autre dessin à la mine de plomb et devant être ajouté à la gauche de la gravure, plus l'explication manuscrite du jeu alors dans sa nouveauté.

196. — Les Pronostics de l'orage, à la mine de plomb ; les Embarras de la rue Saint-Honoré au coin de celle d'Orléans : deux pièces.

197. **Marvye**. Cadres de glaces, crayon rouge ; deux pièces (voir aussi au verso); Cadres de glaces à la mine de plomb : quatre pièces, en tout, six pièces.

198. — Porte cochère avec trophées militaires : une pièce : Chambre de M. de Maillebourg : deux pièces, en tout, trois pièces à la mine de plomb.

199. **Meldert**. Vitrail à l'encre, signé et daté 1624 ; autre vitrail, signé et daté, Hans Ulrich Irgh, 1651 : deux pièces.

200. **Michel-Ange**. Homme sonnant la trompette du jugement dernier, à l'encre.

201. **Mignard**. Jésus-Christ descendu de la croix, encre.

202. **Mondon** (fils), Deux Écrans, à l'encre.

203. **Monnoyer** (J.-B). Bouquet de fleurs, à l'encre.

204. **Monsiau**. Un jeune Homme déguisé en ermite demande asile à une jeune fille, encre et sépia.

205. **Moreau** (Louis). Un Parc, aquarelle.

206. **Murillo**. L'Adoration des bergers, à la pierre noire ; un Évêque en prières, à la pierre noire : deux pièces.

207. **Natoire**. Tête de femme, à la sanguine.

208. **Nicole**. Villa italienne, aquarelle très-fine.

209. — Temple romain, belle aquarelle.

210. **Nicoletto de Modène**. Arabesques, à l'encre ; Arabesques, encre et bistre (voir aussi au verso) : deux pièces.

211. **Nilson**. Entourage orné pour portrait, dessin à l'encre, d'une grande finesse.

212. **Oppenort.** Trois Cartouches, à l'encre ; une Glace avec trumeau ; une Entrée de serrure, encre et crayon rouge ; Détails de frises, à la sanguine : quatre pièces ; Dessin d'un pavillon, en tout, dix pièces sur neuf feuilles.

213. **Ornements.** Niche avec figures, par Stevens ; Blason, par Salviati ; Fauteuil Louis XVI ; deux Poignées d'épée ; Couverture de livre, aquarelle ; Fronton avec Amours, à la pierre d'Italie ; en tout, sept pièces.

214. **Ostade.** Querelle dans un cabaret, encre et sépia, beau dessin.

215. **Ostensoirs,** par Pierre Germain et autres : trois pièces.

216. **Oudry.** Biche couchée, aux deux crayons, beau dessin.

217. — Chèvre, aux deux crayons, pendant du précédent ; Chien de chasse courant, aux deux crayons : deux pièces.

218. — Médaille avec blason entouré de lions d'une merveilleuse finesse ; Médaille avec blason entouré de lions, à la sanguine : deux pièces.

219. **Pajou** (fils). Dix Caricatures crayon noir, sur trois feuilles.

220 **Panini.** Ruines d'un temple avec personnages, encre et sépia,

221. **Parizeau.** Les Instruments de la Passion entre les mains d'un grand nombre de petits Amours, à l'encre.

222. **Le Parmesan.** Femme drapée debout, à la pierre d'Italie; Prométhée dérobant le feu sacré, au crayon rouge : deux pièces.

223. **Parrocel.** Noce de Margot Anet, près de Saint-Ouen, encre et crayon rouge.

224. **Paulus Ludovicus.** Coins de plafonds, à l'encre : deux pièces.

225. **Paysages.** Vue d'Italie, au crayon noir, relevé vigoureusement de blanc, beau dessin.

226. — Paysage avec rochers et cascade, encre et lavis, par Savery; la gravure y est jointe; Paysage avec pèlerins, aquarelle; un Parc, époque Louis XIII, aquarelle : en tout, trois dessins et une gravure.

227. — Vues d'Italie : quatre pièces, par Chavannes; Château d'Auvoil, près de Beauvais, par Bourgeois; Paysage hollandais, par Peters; grotte avec temple indien : en tout, sept pièces à la sépia.

228. — Parc avec tombeau, petite pièce ronde sur papier bleu; Bords d'une rivière; autres, par Pinaker, Cook : quatre pièces.

229. **Aix** (P. d'), 1783. Une Femme tricotant, à la pierre d'Italie.

230. **Pendules.** Vingt-trois dessins de pendules, époque de l'empire et de la restauration.

231. **Percier.** Décorations d'appartement : deux petites pièces à l'aquarelle, une pièce à l'encre; fauteuil pour le trône de Napoléon Ier, avec coussin parsemé d'abeilles d'or, aquarelle; deux fauteuils sur la même feuille, mine de plomb : en tout, cinq pièces.

232. **Peyrotte.** Garde-feu, au crayon rouge.

233. **Peyronneau.** Tête de jeune fille, à plusieurs crayons.

234. **Pièces historiques.** Un Ciboire pour la chapelle d'un dauphin de France, encre et sépia ; Dessin d'un bijou en or offert par la ville de Paris à un dauphin de France et représentant le Vaisseau de la ville de Paris.

235. — La Municipalité d'Amiens offrant au premier Consul les premiers cygnes qui parurent sur les bassins des Tuileries, encre; par Lallemand.

236. Allégorie sur la paix de Lunéville, an IX; le premier Consul et l'Empereur se donnent la main au pied d'une statue de Minerve, encre et aquarelle, par Godefroy.

237. — Débarquement de Napoléon Ier à Cannes, par Desrais, encre et lavis.

238. — Le roi Louis-Philippe et la reine Amélie quittant les Tuileries, 24 février 1848, par Victor Adam : petite pièce ronde, encre et lavis.

239. — Les Députés annonçant au duc d'Orléans son avénement au trône; le duc d'Orléans rentrant au Palais-Royal pendant les journées de juillet 1830 : deux pièces à la mine de plomb, pour les tableaux de la galerie du Palais-Royal.

240. — Prise des Tuileries ; Barricade de la porte Saint-Denis ; Prise du Louvre : trois pièces à la mine de plomb, par Aubert, sur juillet 1830.

241. — Assassinat de Murat par Charlotte Corday : petite pièce à l'encre ; dessin de l'époque.

242. — Madame de La Valette faisant échapper son mari de prison, petit tableau.

243. **Pièces historiques.** Sept drapeaux hollandais du temps de Guillaume III, aquarelles par Von Nimegen. *Voir* au verso quelques autres ; rare.

244. — Illuminations au Havre pour la paix de Lunéville, par Boucart, architecte de cette ville, encre et aquarelle ; Songe de Marie-Louise, par Aubert, encre de Chine : deux pièces.

245. — Entrée de la duchesse d'Angoulême en France, encre et Lavis : deux petites pièces, par Duplessis Bertaut ; Naissance du duc de Bordeaux, par Aubert, à la mine de plomb : en tout, trois pièces.

246. — Jeton de M. le duc d'Aiguillon, encre et lavis.

247. — Napoléon reprenant la couronne à Louis XVIII avec ces mots : Je reprends mon bonnet et je te laisse ta calotte, aquarelle.

248. — Les Anciens du Dépôt de la guerre, mine de plomb, avec portraits du général Guillemot, etc.

249. — Le Lys confessant la Violette, représentant Louis XVIII dans un confessionnal et confessant les soldats de Napoléon, encre ; par Desrais.

250. — Le général Moncey à la barrière de Clichy en 1815 ; Caricature à l'encre rouge, par Monsiau.

251. — Le Bourbier politique, caricature sur M. de Talleyrand Périgord, dont la voiture se brise en le précipitant dans un bourbier, par Monsiau.

252. — Les Pirates littéraires, caricature sur les auteurs de son temps. Toutes les figures sont des portraits : Chateaubriand, Jay, Lacretelle, etc. ; curieux dessin à l'encre par Monsiau.

253. **Pillement.** Fleurs fantastiques, à plusieurs crayons.

254. **Pilon** (Germain). Femmes drapées, pour orner un œil-de-bœuf. A la sanguine.

255. **Pils**. Troupe de ligne et garde nationale, guerre de 1870, à la mine de plomb.

256. **Plafonds**. Altromonte, encre et aquarelle ; Piranèse, encre et lavis de bistre, cartouches par Mitelli ; cartouches par Keller : quatre pièces.

257. **Pochoi**. Costumes divers sous Napoléon Iᵉʳ et sous la Restauration, huit pièces sur quatre feuilles.

258. **Poilly**. Bouquet de fleurs dans un vase ; aquarelle, beau dessin.

259. — Fleurs dans un vase, à l'encre ; autre dessin au verso.

260. **Portail**. Soldat combattant en duel, abbé tenant un rouleau de musique, deux pièces au crayon rouge.

261. **Poussin** (N.). Diane et Endymion, encre et sépia relevés de blanc, beau dessin.

262. — Nymphes et satyres, encre et lavis, collection F. R., beau dessin.

263. — Etude de vieille ; encre et sépia. Une villa, encre et lavis : deux pièces.

264. — La pêche miraculeuse d'après Raphaël, encre relevée de blanc.

265. **Prévost**. Anémones, étude peinte sur toile, sous verre.

266. **Ranson**. Bouquet de fleurs à plusieurs crayons, deux attributs militaire et de pêche à la gouache, sur la même feuille entourage fleurs et rubans à la gouache (l'épine vinette au milieu est de Prévost) branches de fleurs, fine aquarelle.

267. **Raphael Sanzio**. Etudes pour décoration de voûte, à l'encre. Voir au verso, une marque de la collection d'un pape.

268. — Esquisse du criminel amené devant la justice, à la pierre d'Italie, légèrement relevé de blanc.

269. **Reynolds**. Industrious couple, encre et aquarelle.

270. **Ribera**. Un saint qui va être décapité; le bourreau qui décapite; deux dessins aux deux crayons sur la même feuille.

271. — Jésus-Christ au mont des Oliviers, vigoureux dessin à l'encre.

272. **Robert** (H.). Une ville romaine, au crayon rouge.

273. — Les Cascatelles de Tivoli, crayon rouge.

274. — Abbaye en ruines, à la pierre d'Italie; temple en ruines, à l'encre : deux pièces.

275. **Roch**. Scènes militaires, vigoureusement traitées à la sépia : deux pièces.

276. **Roos**. Chèvres, à l'encre; têtes de chèvres, à la pierre d'Italie : deux pièces.

277. **Rouvier**. Deux trophées, à l'encre sur la même feuille.

278. **Rubens**. Sylène soutenu par deux satyres, gouache ayant servi pour le tableau avec quelques changements, belle gouache encadrée.

279. — Tête de vieillard à plusieurs crayons, beau dessin.

280. — Décoration de stalles d'église avec statues; encre et pierre d'Italie, frise pour la même église.

281. **Saint-Aubin**. Sultan et sa favorite, à la pierre
noire, relevé de blanc ; important dessin de ce maître.

282. — Brûle-parfum richement orné, posé sur un piédestal, bistre relevé de blanc ; beau dessin.

283. — J.-J. Rousseau embrassant son fils, encre et sépia ; curieux dessin.

284. — Jeune fille à sa fenêtre ; Ile Saint-Denis et Parc
de M. de la Ferté ; Château de M. de la Ferté : trois
pièces à la mine de plomb.

285. **Santo di Titi**. Homme drapé et debout, au crayon
rouge ; Homme drapé les mains l'une dans l'autre ;
Homme s'appuyant sur une épée ; Homme retenant son
manteau d'une main : quatre pièces.

286. **Savoye**. Deux consoles, à l'encre ; une console
Louis XVI, encre : trois pièces.

287. **Scheneau**. Jeune paysanne jouant avec un man-
che à balai, aux deux crayons.

288. **Schiavone**. Etudes pour tête de Christ, au crayon
rouge ; beau dessin.

289. **Sevin**. Deux entourages de page pour un livre à
la gloire de Louis XIV ; encre et lavis.

290. **De Sève**. Faux titres pour l'histoire naturelle de
Buffon ; encre et sépia : quatre pièces.

291. **Solimène**. Tête de Christ ; Vierge, deux dessins
crayons et encre.

292. **Spoluennus**. Triomphe de David venant de tuer
Goliath, signé Spoluennus faciebat Servia ; encre et
lavis.

293. **Spangers**. Une satyresse retire une épine entrée dans le pied d'un homme, à plusieurs crayons.

294. **Stella**. Amours, aux deux crayons.

295. **Stimmer** (Tobie). La Justice, dessin de vitrail.

296. **Subleyras**. Esquisse pour le tableau de la Madeleine aux pieds de Jésus-Christ, à l'encre.

297. **Swanevelt**. Paysage à l'encre.

298. **Sylvestre Israël**. Trois vues de France, à l'encre.

299. **Tasses**. Six tasses, époque de l'empire, aquarelle.

300. **Tiepolo**. L'Olympe, plafond aquarelle. Voir au verso une tête de fou pleine d'expression.

301. **Le Titien**. Vierge tenant l'enfant Jésus, à l'encre.

302. **Titres de livres**. Un par de Pen, encre ; un par Melchior Feli, encre ; un représentant le Songe d'un ermite, encre ; un par C. S. sur papier teinté relevé de blanc ; un des Femmes illustres, encre et sépia ; un pour des écrivains rabins, sépia ; un pour une bible hébraïque, à l'encre ; un avec une fontaine au bas, à l'encre.

303. — Un à la mine de plomb, signé Rousseau, 1770 ; un par Van Orley, encre et lavis ; un frontispice pour un livre sur le jardinage ; deux vignettes pour des poésies sur l'amour : treize pièces.

304. **Traîneaux**. Mine de plomb et aquarelle : trois pièces. Rares.

305. **Trémolière.** L'Assomption de la Vierge, vigoureux dessin relevé de blanc.

306. **Troger.** Satyre et enfants à l'encre ; Palco, titre
d'ouvrage sur les arts, sépia : deux pièces.

307. **Van der Meulen.** Un cavalier à la sanguine ;
Un cavalier, pierre d'Italie relevée de blanc : deux
pièces.

308. **Vanni Franciscus.** Moine bénissant, à la pierre
d'Italie, relevé de blanc sur papier teinté.

309. **Van Spaendonck.** Branche de roses, encre et
lavis.

310. **Vases.** Par Balin, Vien, Destouches, Saly Giar-
dini. Belle réunion de vingt-cinq pièces.

311. **Watteau.** Écran. Voir au verso une arabesque,
crayon rouge.

312. **Weirotter.** Paysage au crayon rouge.

313. **Vénitien.** Enroulements de feuillages à l'encre,
relevé de bleu. Rare.

314. **Paul Véronèse.** Guerrier paraissant devant un
roi, encre et lavis: la Cène, à l'encre ; Joseph et la
femme de Putiphar, à l'encre ; le Festin de Balthasar,
à l'encre : quatre pièces.

315. **Carle Vernet.** Sonneur de trompe à cheval, encre de Chine ; un Croisé à cheval, au crayon noir ;
Son altesse royale russe, encre et lavis ; Officiers des
troupes alliées admirant une jeune fille, encre et bistre : quatre pièces.

316. **Horace Vernet.** Le Billet de logement pour la

ferme, costumes de hussards et de paysans, encre et sépia, joli dessin.

317. — La Bouquetière et le croque-mort d'après la chanson de Béranger, à la mine de plomb.

318. **Vien.** Sainte Famille, au bistre.

319. **Joseph Vernet.** Navires et barques, à la pierre noire.

320. **Wilhem.** Enfant en prière, à la pierre noire, relevé de blanc, signé et daté 1600.

321. **Léonard de Vinci.** Femme nue à mi-corps pour tête de Vierge, à la pierre d'Italie.

322. **Virgilius Solis.** Un prince sur son trône et rendant la justice, encre et sépia ; Polydore de Caravage, Femme fuyant avec son enfant ; Garzi, tête d'homme.

323. **Visconti.** Entrée de l'hôtel Forbin Janson, aujourd'hui mairie du 7e arrondissement; une Vue d'Italie ; le Convoi du pauvre au cimetière Montparnasse : trois pièces mine de plomb et encre.

324. **Vivantelli.** Décoration d'une porte, encre et bistre.

325. **Von Nimezen.** Deux dessus de porte, aquarelle ; cinq statues de la Vérité et de la Justice, décoration du palais d'Amsterdam à l'aquarelle : deux dessins.

326. Sous ce numéro seront vendus les dessins qui n'ont pas été catalogués.

ESTAMPES

327. **Adresses.** Adresse de Chaine, aux deux princesses, jolie adresse représentant deux princesses,
costumes Louis XVI, belle épreuve, toutes marges.

328. — Adresse de Choffard, belle épreuve.

329. — De Noverre, distillateur du roy, belle composi-
tion dans le genre de Pillement, par Boquet, belle
épreuve.

330. — Huit de marchands ou graveurs, belles épreuves ; deux ex-libris très-ornés : en tout dix pièces sur
neuf feuilles.

331. **Aldegraver** (H.). Mars, Mercure et Vénus (B.76-
77 et 79); Thisbé (B.102); la Fortune, etc. : sept
pièces.

332. — Six pièces de la suite des travaux d'Hercule
(B.84.95); huit pièces de la suite des Vertus et des
Vices (B.117.130) : en tout treize pièces.

333. **Alhambra.** Détails du palais de l'Alhambra,
dont quatre grands vases d'après les dessins de Vau-
zelles, trente-deux pièces ; dix-huit titres des palais et
maisons de Rome par Percier : cinquante pièces.

334. **Anonyme.** Massacre des huguenots fait à Paris,
le 24 août 1572, in-fol. en largeur.

335. — Paysages gravés à l'eau-forte : neuf pièces.
Très-belles épreuves.

336. — Trois trophées, toutes marges, faisant suite ; un
trophée du même dessinateur, mais d'une autre suite :
en tout quatre pièces.

337. Artistes modernes. Paysages : quatre pièces gravées à l'eau-forte. Très-belles épreuves.

338. Aufwach. Les Joüeurs ; les Buveurs : deux petites pièces rondes en couleur. Marge.

339. Aveline. L'Ouïe, la Vue, le Goût, l'Odorat, dessinés et gravés par Aveline. Belles épreuves, marge. Rares.

340. — Les Quatre Saisons, gravées par Aveline le fils. Belles épreuves, toutes marges.

341. Babel. Quatre cartouches avec pyramide de la même suite, dessinées et gravées par Babel.

342. — Quatre cartouches et deux fontaines : en tout six pièces, dessinées et gravées par Babel.

343. Beham (H.-S.). La femme couchée, vue par le dos (B.215). Très-belle épreuve du troisième état.

344. — Des paysans qui se battent, armés de différentes armes (B.162) ; des paysans qui se battent (B.165) ; les deux Génies (B.230) ; les Armoiries de Sebald Beham (B.254), etc. : cinq pièces.

345. De la Belle. Quatre cartouches toute marge.

346. Bérain. Cheminées, une pièce ; tapisseries, une pièce incomplète.

347. Berghem et **Dujardin.** Sujets d'animaux tirés de différentes suites : douze pièces.

348. Berghem (d'après). Paysages et animaux : six pièces gravées par Visscher et Danckers.

349. Bervic (Ch.-Cl.). L'Éducation d'Achille, d'après Regnault. Belle épreuve.

350. **Bignon** (Fr.). La Noce de village de Combault et de Macée, grande pièce en largeur, très-curieuse pour les mœurs et costumes de l'époque Louis XIII.

351. **Billets de banque.** Assignat-compagnie d'assurance, avec et avant la lettre : quatre pièces.

352. **Bois anciens.** Quarante-un culs-de-lampe ; cent soixante faux-titres ; cent dix-neuf entourages par Virgilius Solis, Jost Amman et autres : trois cent vingt pièces, sans doubles.

353. — Cinq cent vingt-huit lettres, sans doubles.

354. — Sujets d'une bible de Jean de Tournes : soixantesept pièces ; Sujets d'une autre bible de Jean de Tournes : cent dix pièces. Cent soixante-dix-sept pièces (voir aux versos).

355. — Cinquante pièces de la Vie de J.-C., complet ; soixante-une pièces des Fables d'Ésope, par Jean de Tournes, complet : cent onze pièces.

356. **Boivin** (Réné). Salières : une pièce. Belle épreuve.

357. **Borel** (d'après). L'Innocence en danger, gravé par Huot. Très-belle épreuve, toutes marges.

358. **Both et Ruisdael.** Paysages en largeur, trois pièces dont une avant le nom du maître ; les Deux paysans et leur chien : quatre pièces.

359. **Boucher** (Fr.). Femme tenant sur son sein les colombes de Vénus, gravé par Demarteau (510), à plusieurs crayons. Belle épreuve.

360. — Vénus surprise par l'Amour, gravé par Bonnet, à plusieurs crayons, marge. Belle épreuve.

361. — Trois bacchantes, sanguine, gravé par Demarteau (260). Belle épreuve, belle marge, rare.

362. Boucher. Le Char de Vénus, gravé à la sanguine par Demarteau (74). Belle épreuve marge.

363. — Bergères au bain, sanguine, gravé par Demarteau (345). Belle épreuve, marge.

364. — Nymphe au bain ; Jeune fille couchée : deux pièces, sanguines, gravé par Petit, marge.

365. — Nymphes endormies, sanguines, gravé par Demarteau (161).

366. — Jeune fille tenant un oiseau sur son doigt, gravé par Demarteau ; Toilette du soir, gravé par Bonnet, sanguines, marge.

367. — Têtes de jeunes filles : deux pièces, sanguines, gravées par Demarteau, marge.

368. — Tête d'Amour regardant à gauche, fac-simile aux deux crayons sur papier bleu, superbe épreuve ; Famille orientale, fac-simile sur papier bleu : deux pièces.

369. — Sommeil de Vénus et pastorales : quatre pièces, sanguines, deux avec marge.

370. — Le Sommeil de Vénus, gravé par Aubert. Belle épreuve, rare.

371. — Le Sommeil, nymphe couchée, gravé par Huquier. Belle épreuve, marge.

372. — Le Fleuve Scamandre, gravé par de Larmessin, marge.

373. — L'Amour à l'épreuve ; l'Amour frivole, gravés par Beauvarlet : deux pièces se faisant pendant, lettres grises.

374. — Les Nymphes au bain, gravé par Ouvrier. Belle épreuve ancienne, raccommodages dans la marge ;

3

Nymphe montrant une couronne à l'Amour, gravé par
Aveline. Belle épreuve.

375. — Sujets chinois, gravé par Ingram, cahier de six
feuilles, belles épreuves, toutes marges, rares; plus la
Jardinière d'une autre suite ; en tout sept pièces.

376. — L'Eau, la Poésie, la Sculpture, l'Astronomie,
gravées par Huquier; Fête de Bacchus : cinq pièces.

377. **Bruyn** (Nicolas de). Six petites frises avec
Amours, 1617.

378. — Le Cavalier combattant ; le Cavalier renversé :
deux pièces, très-belles épreuves, plus quelques sujets
par Delaune, tirés de différentes suites : douze pièces.

379. **Callot** (Jacques). Sujets tirés de différentes suites :
vingt-cinq pièces.

380. **Caricatures**. Diplôme de fanatisme et d'igno-
rance, pièce coloriée ; Assemblée de créanciers, costumes du temps de la République ; Sur les hautes che-
velures : deux pièces des singeries par Granville : en
tout cinq pièces.

381. **Carmontelle** (d'après L.-C. de). Monsieur Dau-
berval et mademoiselle Allard, dans l'opéra de *Silvie*,
gravé par J.-B. Tillard. Belle épreuve.

382. **Carpentier**. Dessus de porte : deux pièces.

383. **Charlet** (N.-T.). Feuille de croquis et de griffon-
nements en travers. Très-belle épreuve ; rare.

384. **Charlet** et **Raffet**. Bonaparte à cheval, sujets
tirés d'albums : quatre pièces.

385. **Chodowiecki**. Le Cabinet d'un peintre (celui
de Chodowiecki). Belle épreuve, grande marge;
rare.

386. **Choffard**. Livre d'écussons et cartels, dessinés et gravés par lui : toutes marges, belles épreuves, cahier de six feuilles dont le n° 5 manque; deux coins de garde-feu au bistre : sept pièces.

387. **Clairs-obscurs** (Pièces gravées en). Diane et Endymion; Moïse tenant les Tables de la loi, etc. : quatre pièces.

388. **Cochin** (C.-N.). Le Tailleur pour femmes, sans marge en dehors de la planche.

389. **Coypel** (d'après). Six pièces de Molière en largeur, George Dandin; M. de Pourceaugnac; Psiché: l'Escole des femmes; les Femmes savantes; le titre de cette suite : magnifiques épreuves, petite marge en dehors de la planche; très-rares.

390. — L'Amour de ville et l'Amour coquet; gr. par Lépicié. Piqûres de vers.

391. **Decker**. Décorations de cheminée, cahier complet de six pièces. Belles épreuves.

392. **Delacroix** (Eugène). Lion de l'Atlas; Tigre royal : deux pièces; une est du premier état, avec l'adresse de Gangain. Très-belles épreuves.

393. **Delafosse** (Ch.). Cahier de six feuilles : consoles, garde-feux, cartels, etc., gravés par Berthault, avant toutes lettres. Belles épreuves.

394. — Cahier de trophées militaires de six feuilles, avant toutes lettres; toutes marges, deux ont un peu de marge enlevée. Belles épreuves, gravées par Berthault.

395. — Grands trophées d'amour, de chasse, etc., gra-

vés par Fessard, Tardieu. Belles épreuves, marge :
onze pièces.

396. **Delaune** (Étienne). Les quatre parties du monde
(R. D. 197-200); la Paix et l'Abondance (R. D. 201-
202) : six pièces. Belles épreuves.

397. — Quinze pièces tirées des suites décrites sous les
numéros 158-166 et 167-178.

398. — Combats et triomphes; chasses : huit pièces,
dont quatre très-belles épreuves.

399. **Demarne et Swebach**. Une Foire de village;
Le Tilbury; deux lithographies. Très-belles épreuves
avant divers travaux.

400. **Demarteau.** Compositions avec animaux dans le
goût du crayon, par Dagommer et gravées par Demarteau : cinq pièces.

401. **Depeuille** (chez). Le Bouquet, intérieur d'appartement avec personnages du temps du Directoire; belle
épreuve, marge.

402. **Desfontaines.** Le Modelle, imprimé en couleur,
par Bagolf; belle épreuve avec marge.

403. **Desrais.** Histoire de M. Dumolet, pièce coloriée.

404. **Dévéria** (A.). L'Attention, le Lever, le Coucher,
le Sommeil, dessinés et lithographiés par lui; super-
bes épreuves sur chine, marge: quatre pièces rares.

405. **Diplôme.** Diplôme de l'académie de dessin de
Toscane; pièce très-bien ornée et bien gravée de
1733 : curieux.

406. **Divers.** Sujets religieux, paysages lithographiés:
six pièces.

407. Ducerceau. Fond de coupe, le Cortége de Diane.

408. Duplessis Bertaux. La Marchande d'herbes, gravé par Auvray; rare, belle épreuve, taches de mouche.

409. Ecole Italienne. Compositions diverses, par Marc-Antoine, E. Vico, le maître au Dé et autres: vingt pièces.

410. Edelinck (G.). Sainte-Madeleine, d'après Ch. Le Brun. Ancienne épreuve.

411. Eisen. Vases, toute marge : deux pièces, belles épreuves; piédestal avec enfants, petite marge : trois pièces.

412. Flindt (P.) **et autres.** Un gobelet, cariatides, d'après Ducerceau ; ornements, par Marchand et Collaert, etc. : cinq pièces.

413. Fragonard (H.). La Petite fille se sauvant avec ses jouets, au bistre; sans marge, rare.

414. Gavarni. Un Souper de carnaval, un Déjeuner au petit jour, ascension au pic de Bergons : trois pièces.

415. Geerar (Marc.). Arabesques : quatres pièces.

416. Géricault. Jeune garçon donnant de l'avoine à un cheval, Chevaux flamands, etc. : trois pièces.

417. Gillot. Huit pièces de la même suite, gravées par le comte de Caylus, École de jeunesse, repas distingué, Marche de calotins, etc. Belles épreuves, peu de marge, rares.

418. Greuze (J. B.). L'Amour, gravé par Henriquez, Belles marges.

419. Hogarth. Les Deux apprentis, quatre pièces ; plus six pièces de même grandeur que les précédentes et sur divers sujets tels que : Fête dans le grand monde, le Ménage du poète, France, pièce satyrique sur la Révolution de 1789, etc. ; en tout dix pièces, marge.

420. Hopfer. Apollon et Diane (B. 23) ; portrait d'Albert Durer, par un graveur anonyme, pièce allégorique sur la mort, marquée du monogramme B. G. 1561, gravée sur bois : trois pièces.

421. Houel (J.). Deux vues des environs de Rouen, gravées par Demarteau l'aîné ; belles épreuves.

422. Huet (J. B.). Offrande à l'hymen, jolie pièce en couleur, gravée par Bonnet ; marge du cuivre.

423. — Jeune femme tenant un masque, gravée à plusieurs crayons par Bonnet (343).

424. — L'Architecture, Jeunes filles et Amours, facsimile à deux crayons sur papier bleu ; gravé par Bonnet. Belle épreuve.

425. — Faire raser les femmes dans la prison, avant toutes lettres ; le Vice forcé dans ses retranchements : deux pièces, belles épreuves, dessinées et gravées par Huet. Rares.

426. — La Fidélité, portrait d'Inès, Chienne de madame de Pompadour ; gravé par Fessard, rare.

427. — Quatre Pièces à la sanguine, le Serpent sous les fleurs ; tête de femme par Le Prince, gravés par Demarteau (242) en tout : six pièces.

428. — Jolis trophées, arabesques et autres, gravées par Demarteau, par Léveillé ; sept pièces à la sanguine.

429. **Huquier.** Les deux titres du recueil des frises et arabesques : deux pièces.

430. **La Joue.** Un cahier de six fontaines décoratives, belles épreuves, toutes marges.

431. — Dessus de porte, la Botanique, l'Histoire, la Physique, l'Optique : belles épreuves, marge : quatre pièces.

432. **Le Pautre.** Vases, meubles, etc. : dix pièces ; grand plafond avec Sylène et Bacchus pour sujet de milieu ; en tout onze pièces.

433. **Lespinasse** (d'après de). Vue à vol d'oiseau de l'Ecole militaire sous Louis XVI ; gravé par Née et Masquelier. Très-belle épreuve avant la lettre.

434. **Maître** (I. B.). Les Enfants vendangeurs, d'après Raphaël (B. 35) ; sujets divers par L. de Leyde et petits maîtres du XVIᵉ siècle : sept pièces.

435. **Marot** (D.). Trois plafonds, dont une copie par Volf ; deux décorations de parc : cinq pièces.

436. **Meisonnier.** Décoration d'appartement en hauteur.

437. **Michelin.** Rivière traversant un paysage. Très-belle épreuve sur chine, avant les travaux dans le ciel.

438. **Mondon.** Premier livre de forme rocaille et Cartel, gravé par Aveline ; cahier complet de six feuilles, toutes marges, magnifiques épreuves.

439. — Troisième livre de forme rocaille et cartel, gravé par Aveline ; cahier complet de six feuilles, toutes marges, magnifiques épreuves.

440. Mondon. Sujets rocaille, dont plusieurs titres gravés par Aveline : six pièces.

441. Moreau (J. M.). Petite vue de la cathédrale d'Orléans, sujets d'après Watteau et autres, par différents graveurs : cinq pièces.

442. **Moreau le Jeune** (d'après J. M.). La Visite chez le fermier, tirée du costume physique et moral de la fin du XVIIIe siècle ; avant la lettre, rare.

443. — Tombeau de J.-J. Rousseau dans l'île des Peupliers, dessiné et gravé par Moreau ; belle épreuve, belles marges.

444. — Vignettes et les deux portraits pour la Henriade de Voltaire, in-4, toutes marges ; belles épreuves, suite complète : douze pièces.

445. **Mosbach** (Hans Georgius). Gravées par Moncornet, 1626 : deux pièces pour orfévrerie dont le titre.

446. **Nancy** (ville de). Vue méridionale de la grande place, dite Carrière de Nançy ; avant toutes lettres.

447. **Nilson.** Trois portraits ornés : trois pièces ; un trumeau de glace avec personnages, la Peinture : cinq pièces.

448. **Oudry.** Le Chien Philax et la chatte Minette, gravées les deux par Mesnil ; belles épreuves, marge.

449. **Parmesan** (F. Mazuoli, dit le). La Mise au tombeau, deux compositions différentes ; la Force, etc. : cinq pièces.

450. **Pencz** (G.). Procris tuée par Céphale (B. 73). La Grammaire, l'Astrologie, Sara présentant Agar à

Abraham, la Mort terrassant le soldat, par J. Bink,
etc.: six pièces.

451. **Peyrotte.** Sujets chinois, belles épreuves, cou-
pées au droit de la planche : deux pièces.

452. **Picard** (Bernard). Billet d'entrée pour l'Académie
royale de musique, sous Louis XIV, avant toutes lettres.

453. **Pièces sur la Révolution.** La Loi, la Li-
berté, l'Égalité : trois pièces en couleur.

454. — Vue du champ de la Fédération, marge ; Pavillon de l'école militaire ; Arc de triomphe pour la fête
de la Fédération : trois pièces en couleur gravées par
Sergent.

455. — Vue du Temple, pièce ovale au bistre ; Sujet allégorique sur la Révolution : un Prince jure sur la table de la loi, pièce avant toutes lettres, marge : deux
pièces.

456. — Étiquette de la Pharmacie centrale des hôpitaux
militaires de la République française. Belle épreuve
dessinée et gravée par Choffard. Rare.

457. — Réjouissance publique, petite pièce ronde représentant les distributions de vivres. Rare.

458. — Carte d'entrée pour le Club des artistes, avec les
approbations manuscrites des membres du bureau ;
Offrandes patriotiques des femmes, imprimé en bleu
sur soie, 1789 : deux pièces rondes dessinées par Dar-
del. Rares.

459. **Pièces historiques.** Rien ne manque à sa
gloire, pièce en couleur, gravée par Godefroy, repré-

sentant le général Bonaparte vainqueur au 18 bru-
maire, et debout sur le globe terrestre.

460. — Promenade de S. M. le roi de Rome sur la ter-
rasse des Tuileries, dessiné d'après nature, gravé par
D. (Desrais?)

461. — L'Auguste Veuve (la duchesse de Berry) con-
fiant son fils à la fidélité des Français, petite pièce
ronde. Belle épreuve.

462. — Vue des Délices de M. de Voltaire, près de Ge-
nève, gravé par Queverdo.

463. **Pièces sur Paris.** Place Louis XV avant la
lettre, dessiné par Moreau, gravé par Fauxval. Belle
épreuve, marge en haut et en bas, coupée après le
trait carré à droite et à gauche. Rare.

464. — Vue de la place de Grève en 1780, par Lespinasse, avant la lettre, le nom du graveur, Auray, seu-
lement tracé a la pointe. Belle épreuve, pliure.

465. — Vues de la fontaine de la place de l'École, de la
Fontaine Desaix, du Pont du quai de l'École, de la
Pompe du quai de l'École : quatre pièces lithographiées
par Bacler d'Albe. Belles épreuves, toutes marges ;
Vues de la Fontaine de Grenoble, de l'Hôtel des Inva-
lides : deux pièces par Janinet : six pièces.

466. **Pillement.** Compositions fantaisistes avec sau-
vages : sept pièces, toutes marges. Belles épreuves numérotées de 2 à 8.

467. — Deux panneaux imprimés en vert. Bonnes
épreuves. Rares.

468. — Cinq trophées d'une suite de six, manque
n° 1, gravés par Hess, toutes marges. Rares.

469. **Pillement**. Trois panneaux en largeur ; quatre panneaux en hauteur, dont le titre : sept pièces.

470. — Suite de jeu chinois, panneaux en hauteur. gravé par Demonchy, cahier C : six pièces, dont le titre.

471. — Soixante-sept petits panneaux en hauteur, gravés par Dany et autres.

472. **Prévost**. Vases et fleurs : cinq pièces rondes. Belles épreuves, une seule manque de marge.

473. **Polydore de Caravage**. Cahier complet de vases et trophées, gravés par Galestruzzi, toutes marges, belles épreuves : six pièces.

474. **Raimondi** (Marc-Antoine). Pallas, d'après J. Romain (B. 337). Très-belle copie.

475. **Ranson**. Sixième cahier de trophées, complet, toutes marges. Bonnes épreuves.

476. — Quatre pièces du troisième cahier de trophées.

477. — Arabesques et titres : six pièces, dont plusieurs toutes marques et belles épreuves.

478. **Regnault**. Portraits et vignettes : dix pièces.

479. **Rembrandt**. Le Retour de l'enfant prodigue ; Saint Jérôme (B. 105), etc. : trois pièces.

480. **Reynolds**. Philippo Lippi, gravé par Reynolds, d'après Paul Delaroche. Grande marge.

481. **Robetta et Andrea** (Z.). L'Homme attaché à un arbre par l'Amour ; la Danse des quatre femmes ; Sainte Famille et Sujet allégorique, par un graveur à l'eau-forte, Italien du XVIIe siècle : quatre pièces.

482. **Saint-Aubin** (d'après A. de). Scènes amoureuses

dans un grenier : deux pièces ovales en couleur. Belles épreuves, marge d'un centimètre environ. Rares.

483. — Le Concert d'amateurs, avec des retouches au crayon par le maître. Très-rare.

484. — L'Odorat, eau-forte pure ; la Tête joliment ombrée à l'encre de Chine, par lui-même. Très-rare.

485. — Des Amateurs dans une galerie dessinée et gravée par Aug. de Saint-Aubin. Rare.

486. — Le Commissionnaire, marge.

487. **Saint-Aubin** (Gabriel de). Le Titre de l'Essai de papillonneries humaines. Rare.

488. **Saint-Aubin** (G. de) et **Watteau** (genre de). La Faiseuse de beignets ; Assemblée galante : deux pièces sans aucunes lettres.

489. **Salembier**. Décoration de porte. Belle épreuve.

490. **Lavinia Spencer** (comtesse). L'Enfant trouvé, gravé par Mme André. Pièce en couleur, belle épreuve. marge. Rare.

491. **Sart** (du), **Ostade** et **Bega**. Le Violon assis ; le Coup de couteau ; le Peintre, etc. : dix pièces. Anciennes épreuves.

492. **Sicardi** (d'après). Come la trovate ? gravé en couleur par Copia. Très-belle épreuve.

493. — Les Présents de l'Amour, pièce in-fol. de forme ovale. Très-belle épreuve avant toutes lettres.

494. **Thomas** (Jean). Pastorale où un berger et une bergère se tiennent par la main, pièce en hauteur. Très-belle épreuve du premier état, avant toutes lettres.

495. **Toro**. Têtes casquées : deux pièces; un cartouche avec attributs : trois pièces.

496. **Toutain**. N°s 6 et 7 du même cahier. Belles épreuves et belles marges.

497. **Trompe-l'œil**. Gravure rehaussée d'aquarelle : pièce curieuse.

498. **Vases**. Italiens : une pièce ; Ostensoir de Martin Schongauer, belle copie; quatre vases sur deux feuilles, belles épreuves : en tout quatre feuilles.

499. **Watteau**. L'Hiver, panneau en largeur ; cinq panneaux en hauteur, Diane la chasseresse, etc.; belles épreuves : six pièces.

500. — Spectacle français, gravé par Dupin, pliure.

501. **Vignettes** de Monnet, gravées par Patas, avant la lettre ; quatre vignettes de Gravelot, gravées par Legrand et imprimées en carmin pour un poëme pastoral en quatre chants, toutes marges : en tout trois feuilles.

502. — Dix-huit pièces par Moreau, Boucher, etc.

503. **Solis** (Virgilius). Deux pendentifs sur la même feuille.

504. **Solis** (V.) et autres. Portraits d'empereurs turcs ; Ornements par différents graveurs ; Sujets sur la mort : quatorze pièces.

505. **Vischer** (G.). Ornements avec lettres et vases entrelacées : sept pièces. Belles marges.

506. **Wedgwood**. Portrait de lord Byron, d'après W. E. West. Très-belle épreuve avant la lettre, sur chine.

LIVRES

507. Nouvel abrégé chronologique de l'Histoire de France, par le président Hénault, 1768 ; Prault, culs-de-lampe et faux titres par Moreau le jeune ; lettres ornées par Chedel.

508. Lettres d'une Péruvienne, in 4°, broché, portrait par Gaucher, vignettes par Le Barbier l'aîné. Paris, 1797.

509. La Pipe cassée, poëme épitragi-poissardi-héroïcomique par Vadé ; A la Grenouillère, 1755 ; faux titres par Eisen, broché.

510. Les Grâces, Paris, Prault, 1769, belles vignettes et titre, par Moreau le jeune.

511. Le Jugement de Pâris par Imbert, 1772, Amsterdam ; titre dessiné et gravé par Moreau ; vignettes par Moreau ; faux titres par Choffard.

512. Les Sens, poëme, titre par Marillier, cartonné ; les Tableaux, 1761, Amsterdam, titre et cul-de-lampe par Eisen, broché ; le Premier marin, poëme par Gesner, 1764, Sedan ; titre et vignette par Gravelot.

513. Les A-propos de la Folie, titre dessiné et gravé par Moreau, faux titre et cul-de-lampe dessinés par Moreau, 1776 ; broché.

514. Historiettes ou Nouvelles en vers, par Imbert, Amsterdam, 1774 ; vignettes, titre et faux titres par Moreau le jeune.

515. Annales du règne de Marie-Thérèse. Paris, Nyon,

1781 ; portraits, dont Marie-Antoinette et Joseph II,
par Moreau, vignettes par Moreau.

516. Le Célibataire, comédie par Dorat; titre par Marillier, broché; Mes nouveaux torts, 1765, Amsterdam;
titre et vignettes par Marillier.

517. Publius Terentius Afre, 1753, Lutetiæ Parisiorum;
vignettes et faux titres par Gravelot. Deux volumes
reliés.

518. Maximes de La Rochefoucauld, 1813, Paris; joli
portrait d'après l'émail de Petitot, gravé par Choffard.
Cartonné.

519. Parnasse des Dames, les cinq premiers volumes, les
plus jolis de cette suite, 1773, Paris ; titre, vignettes
et faux titres par Marillier. Reliés.

520. Il pastor fido, titre gravé, relié ; Aminta di Tor-
quato Tasso, in Parigi, Prault, 1745: deux exemplaires;
Il Templo di Gnido, Parigi, Prault, 1767; titre par
Moreau le jeune.

521. Poésies diverses, par M. de la Montagne, 1789,
Paris, titre gravé ; Héro et Léandre, poëme, frontispice par Le Barbier, avant la lettre; La Peste de Mar-
seille, par Millevoye, vignette gravée par Saint-Aubin,
1809, Paris; Éloge de Louis, dauphin de France, père
du roi ; faux titre avec le portrait du dauphin. Paris,
1771.

522. Le Temple de Gnide, mis en vers par Colardeau,
Paris, titre gravé, vignettes par Monnet; Idylles et
Poëmes champêtres, par Léonard, La Haye, 1782, titre
par Marillier ; Idylles et Contes champêtres, par J.-B.
Leclerc, deux volumes; Paris, an VI, vignettes par
Monnet. Brochure avec les airs notés.

523. Ensui sy la genologia des contes de Toloza, gravures par Michel Lasne, ouvrage curieux, incomplet,
s'arrête à la page 24 dans le commentaire.

524. Figures de la Bible, 1694, Strasbourg, Johann
Ulrich Krause Burger. Nombreuses figures dans le
goût de Jost Amman, cartonné.

525. Suite d'emblêmes, trente pièces rondes numérotées,
1777. Augsbourg, chez Jean-Frédéric Probst.

526. La Peinture, poëme par Lemierre, Paris, vignettes
dessinées par Cochin et gravées par Saint-Aubin ; la
Gravure de Dibutade dessinant le profil de son amant,
manque ; Commentaire sur la Henriade, par La Beau-
melle, le premier volume, celui qui a le titre, gravé
par Saint-Aubin, avec les trois jolis portraits.

527. Dix Blatt satyrische kuvter des hern rode in Ber-
lin, cartonné, renfermant dix gravures satyriques.

528. La Jérusalem délivrée, en vers français, titre et vignettes par Lepautre. Deux volumes reliés.

529. Traité des fortifications ou architecture militaire,
1644, Paris. Nombreuses gravures de citadelles, couverture en parchemin.

530. Quinque columnarum (les cinq ordres d'architecture). Tigury, apud Christophorum Froscho, titre et
figures ; Perspective de Johann Vrièse, augmentée
par Samuel Marolois, 1604, La Haye, deux beaux titres,
nombreuses planches, mais incomplet.

Paris. — Typ. Pillet et Dumoulin, rue des Grands-Augustins, 5.